Bruno Pellegrino

LES BOUCHES

Portrait
de Lou Masduraud

art&fiction

« Lorsqu'on lui demandait de décrire l'atelier, Lea disait que l'endroit évoquait pour elle à la fois un fournil de boulanger, une plâtrière et la lune. »

Célia Houdart, *Carrare*

LES BOUCHES

J'ai entendu parler d'elle pour la première fois au printemps, plusieurs mois avant de la rencontrer. Son nom et le mien avaient été sélectionnés pour une résidence à l'Istituto Svizzero de Rome, moi pour y écrire un roman, elle en tant que plasticienne. Les quelques lignes de descriptif ne donnaient qu'une idée vague de son travail, et son portrait n'a pas davantage retenu mon attention que celui de la dizaine d'autres personnes avec qui j'allais passer cette année en Italie. Mais si je l'avais croisée dans la rue ce printemps-là ou au cours de l'été, qui sait, je l'aurais peut-être reconnue, comme on reconnaît les stars ou les gens vus en rêve.

En freinant devant le portail, le chauffeur de taxi me dévisage dans le rétroviseur et me demande si je suis sûr que c'est là. Derrière la brique rouge du mur d'enceinte, la façade haute et claire de la Villa Maraini contre un ciel bleu septembre. Au sommet flottent mollement un drapeau suisse et un drapeau italien. C'est là.

À la réception, formalités d'entrée. L'ascenseur se trouve à l'extrémité d'un corridor souterrain, une sorte de passage secret sous la maison qui sera condamné avant la fin de mon séjour, même si rien alors ne le laisse présager. Je monte au cinquième, découvre ma chambre puis, à l'étage au-dessus, dans la tour, la pièce qu'on m'a attribuée pour que j'y travaille. J'emprunte un escalier métallique en colimaçon et je monte encore, dans une forte odeur de plastique fondu. Une dernière porte et la ville est là, en contrebas, lumineuse, minérale. L'impression d'être entré dans une nouvelle réalité, une autre planète, et c'est ici que je vis jusqu'à l'été prochain. De retour dans ma chambre, je vide ma valise et la range dans l'armoire où elle se couvrira de poussière.

Le premier soir, ou le deuxième. On est encore en petit nombre, on se retrouve sur le toit-terrasse. Ilaria et Caroline sont archéologues, Ilyas historien de l'architecture, Marta et Giada respectivement artiste et curatrice et je ne sais pas tout de suite qui est qui, je m'emmêle les pinceaux. Ce soir-là, le crépuscule est tellement doux, c'est le mois de septembre et tout palpite, à la fois lesté et léger. Je dis quelque chose comme oh là là non mais cette lumière. Personne ne réagit. Je parle peut-être trop bas, ou alors c'est juste qu'il n'y a rien à ajouter, oui, cette lumière.

La maison se remplit peu à peu. Chaque jour ou presque, une énorme valise dans le couloir, une assiette supplémentaire pour le repas de midi. On apprend les prénoms, Ari, sciences politiques, Mathilde, histoire de l'art, Jasper, histoire de l'architecture, et la clique des artistes : Reto et Diandra, Martin, Vanessa. Je prends mes marques dans la tour, range mes livres, sors mes carnets. Il manque toujours Lou, Lou n'est pas là, tu la connais toi, cette Lou ?

Un autre soir sur le toit-terrasse, on boit des bières, on mange des olives et des tarallini et elle débarque enfin. Elle marche vers nous, lèvres très rouges, sourire immense. Hi, I'm Lou. C'est bien la fille de la photo. Je crois que c'est la première sculptrice que je vois de ma vie et je ne pense même pas à observer ses mains. Elle lève les yeux et, les doigts devant la bouche, lâche : oh là là non mais cette lumière !

Si elle n'arrive que maintenant, c'est qu'elle était à Montreuil pour une exposition personnelle, elle dit solo show. Elle sort son téléphone, ce sera plus simple de nous montrer. Une grande salle baignée par l'éclairage orange de réverbères industriels. Vapeur de sodium, nuit artificielle. Au centre, sur des socles, des pièces en céramique, mais mon regard est attiré par les soupiraux qui trouent les parois blanches. Barreaux tordus, écartés, traversés : des plans d'évasion, c'est leur titre, comme des fenêtres sur autre chose. Des barbelés cisaillés dessinent des formes organiques, des silhouettes humaines rehaussées par endroits d'un papillon. Lou raconte, le pouvoir, le désir, l'émancipation par les mondes alternatifs.

Mais ici, dit-elle en verrouillant son téléphone, elle va bosser sur autre chose. Elle s'est renseignée sur les fontaines de Rome, les bassins sculptés par Bernini ou les fascistes, mais aussi les *nasoni* sur lesquels on se penche pour boire. C'est une piste qu'elle suit depuis plusieurs années, la fontaine comme objet politique. Elle en a réalisé une qui recueille la rosée, une autre qui diffuse des brumes d'anxiolytiques. Pour sa nouvelle pièce, elle a quelques idées, des intuitions plutôt, rien de très clair et c'est pour ça qu'elle est ici, pour voir et pour sentir.

Ce que j'éprouve à ce moment-là est encore confus. Moi aussi je suis là pour ça, voir et sentir. En y repensant, il m'apparaît que si au lieu d'écrire j'étais capable de façonner des objets, je voudrais moi aussi fabriquer des fontaines de mes mains.

Je suis assis à mon bureau dans la tour lorsque j'aperçois à la fenêtre une tête humaine à la hauteur des cimes. En me levant pour comprendre, je repère le camion stationné dans le jardin et l'interminable bras hydraulique qui soutient une plateforme, d'où un jardinier armé d'une perche fouille les frondaisons des pins. Les fruits se détachent et s'écrasent au sol avec un bruit énorme, de petites perruches très vertes fusent en poussant des cris stridents.

En dehors de ça, mes journées sont rythmées par une routine qui a fait ses preuves : j'écris, je dors, je lis, je nage. Mon roman avance et je suis soulevé par une joie constante.

La présence des autres y contribue. Les visages froissés avant le petit-déjeuner. Les repas de midi, préparés par Carlo et pris ensemble dehors, à l'ombre des grands arbres. Le soir, quand je commence à fatiguer sur mes textes, je rejoins les voix qui résonnent dans la cuisine, quelqu'un a ouvert une bouteille de vin, il y a de la musique, j'apprends les règles de plusieurs jeux de cartes.

Je suis intrigué par ces personnes avec qui je vis, leurs perspectives si précises et fouillées, chacune dans son domaine. Caroline mentionne les sarcophages dans le jardin, recyclés en bacs à fleurs. Ilaria parle d'une stèle sous un buisson de marguerites, la pierre tombale d'un enfant mort il y a deux mille ans. Lou a identifié tous les arbres fruitiers. En les écoutant, je m'aperçois que je n'avais rien remarqué de tout ça.

Ma chambre donne au sud-est. De là-haut, je regarde les formations d'oiseaux au-dessus d'une ville qui chaque matin semble se redresser en secouant sa poussière. Un jour, je me hisse sur le rebord de ma fenêtre et sors sur l'espèce de balcon sans rambarde, en réalité une saillie de l'étage inférieur. Je me doute que je ne suis pas censé être là, si je tombe je meurs, en plus je suis en slip. Il n'y a personne sur le rooftop de l'hôtel voisin. Dans le jardin, en bas, Alessandro travaille, il ne lève pas la tête.

Je sursaute en entendant une voix derrière moi. Lou est à sa fenêtre, nos chambres sont mitoyennes. Elle disparaît à l'intérieur puis revient, déplie une serviette de plage et s'allonge à côté de moi, elle aussi en sous-vêtements. Sans que cela devienne un rituel, on se retrouvera parfois sur notre balcon dangereux, jamais très longtemps, le soleil tape trop fort.

Ça dure jusqu'à ce jour où je repère un minuscule insecte orange vif, plus petit qu'une tête d'épingle mais en voilà un autre, et un autre, des dizaines d'autres. Lou n'est pas très inquiète, elle se penche pour les observer de près puis cherche sur son téléphone ce que ça pourrait être, acariens, araignées rouges. Elle dit en riant viens avec moi on va s'allonger dans les aoûtats. Je note sa phrase et ne mets plus les pieds sur notre balcon qui grouille de vermine.

Quand on a reparlé des premiers temps de notre amitié, ni elle ni moi n'avons été capables d'identifier un événement précis qui aurait décidé de notre rapprochement. Je sais que, très vite, sa curiosité m'a fasciné. Son regard intrigué, amusé, révolté. Son attention comme une forme de résistance. Fin septembre, je l'ai vue marcher seule au milieu d'une étendue herbeuse, très lentement, penchée, à la recherche de trèfles à quatre feuilles. J'en trouve toujours, elle m'a dit quand je l'ai rejointe, il faut juste balayer des yeux, sans forcer.

Je me suis mis presque tout de suite à noter certaines de ses phrases. Des remarques qu'elle faisait sans y penser, et qui me donnaient l'intuition d'une proximité, tout en m'ouvrant des perspectives nouvelles. Elle nommait une chose à laquelle je n'avais jamais pris garde et la chose désormais existait pour moi aussi. En visitant une église, elle me montre comment, sur une statue de marbre, la lumière est assourdie par la matière. Le col du vêtement et le voile autour du visage ont été travaillés pour moins briller, alors que la peau resplendit. Elle ne l'a pas dit exactement comme ça, mais elle a bel et bien employé le verbe assourdir pour parler de la lumière.

Quelques mois après l'avoir rencontrée, j'avais déjà amassé suffisamment d'éléments pour déclarer à Lou que si Dieu ou whatever me prête vie, et si tu es d'accord, un jour j'écrirai quelque chose sur toi.

La porte de son atelier n'est jamais verrouillée, il suffit de la pousser, descendre trois marches et on y est. Sans doute la plus belle pièce de la maison, au cinquième étage, juste à côté de sa chambre, mais ce n'est pas parce qu'on la lui a attribuée qu'elle s'y comporte en propriétaire. Lou, l'ordre, la hiérarchie, très peu pour elle. Elle sait aussi que cette situation est provisoire, d'autres ont travaillé ici avant elle et d'autres y travailleront après son départ. Elle dit passe quand tu veux dans mon atelier, ou là je bosse mais plus tard on se fait un aperitivo dans mon atelier ?

Elle a déniché une table basse et un fauteuil, disposés autour du canapé qui était déjà là. Il y a toujours un cendrier et, sur le rebord des fenêtres en demi-lunes qui laissent entrer toute la lumière du jardin, des bouteilles vides transformées en vases ou en bougeoirs.

Sur son bureau se frôlent des feuilles volantes, un briquet, une enceinte portable et les livres qu'elle lit en ce moment pour son projet, des volumes bilingues français-latin consacrés à l'eau de Rome, ses propriétés, ses usages, les moyens de la capter : Vitruve, *De l'architecture*, livre VIII, Frontin, *Les aqueducs de la ville de Rome*. Elle aime que cette littérature considère la terre comme un corps vivant, chaque ruisseau une nymphe, une divinité à honorer. Elle prend un livre et me lit des phrases qu'elle a soulignées, qui la font rire ou qu'elle trouve magnifiques. Sénèque par exemple, *Questions naturelles*, livre III : « La mer remplira alors les bouches des sources et leur donnera une ouverture plus grande. » Traduit du latin par un dénommé Paul Oltramare – et je réalise tout à coup que c'est dans cette ville, ici même, qu'on parlait chaque jour cette langue désormais morte.

Lou me montre une photo de sa fontaine de rosée. Une plaque très lisse, enduite d'un revêtement qui favorise la condensation. Les gouttes se forment sur la surface dont l'inclinaison les force à rouler, ruisseler comme dans un entonnoir jusqu'à un sein qu'enserrent deux mains maigres – mais ça ressemble pas à un sein, commente Lou, c'est genre une mamelle métallique, une métamamelle. Lorsque la goutte quitte le téton, elle tombe au creux d'une oreille de bronze.

Elle s'est mise au travail sans attendre. Elle participe à un concours pour une fontaine publique à Genève et le délai est très court. C'est la première fois qu'elle conçoit une borne d'eau potable qui serait réellement raccordée au réseau d'une ville, elle doit prendre en compte un tas de facteurs techniques, mais c'est à la forme qu'elle réfléchit en ce moment, il faut qu'elle trouve la forme et elle partira de là. Elle soulève un morceau de tissu sous lequel repose un prototype en argile, une masse verticale, irrégulière, incrustée de bouches, et je l'envie de pouvoir se représenter dans l'espace l'objet de sa recherche.

Elle est soucieuse. Pas pour ce projet : en imaginant qu'elle remporte le concours, la production ne commencera pas avant un ou deux ans, elle a le temps. Mais pour ce qu'elle est venue créer ici, il va lui falloir des outils, du matériel. Comment hisser tout ça jusqu'au cinquième étage ? L'ascenseur est capricieux, et pas très vaste. Et comment ressortir sa pièce, une fois fabriquée ? Peut-être qu'elle devrait revoir ses premières idées, faire des choses plus légères, ou démontables. Elle va réfléchir.

Elle se rallume une cigarette et laisse son regard flotter sur les arbres du jardin. C'est incroyable d'être ici, elle dit.

Je peine souvent à comprendre ce que je vois. J'identifie mal les couches de temps qui font cette ville, certains détails me rendent perplexe. Les ruines par exemple. Pourquoi faut-il se pencher pour apercevoir l'entrée du Stadio di Domiziano, à l'extrémité de Piazza Navona, ou descendre une pente pour pénétrer dans le Panthéon, comme si les monuments s'enfonçaient lentement dans des sables mouvants ?

Ilaria m'explique que c'est le niveau du sol qui monte : couches de poussière et de déchets, sédiments laissés par le Tibre au fil des crues, et puis à l'époque on ne déblayait pas les décombres quand une maison s'écroulait, on construisait par-dessus, on s'appuyait sur l'existant. Au jour le jour c'est indécelable, mais Rome s'élève, deux mille ans à ce régime et tu dois creuser environ sept mètres pour atteindre le sol antique.

Un soir, on rentre d'une fête de l'autre côté du fleuve, Ilyas nous fait passer par le Largo Argentina, une place rectangulaire qui encadre quelques ruines. Il veut nous montrer les chats, c'est leur royaume ici, et en effet plus on regarde, mieux on distingue les mouvements dans l'obscurité, des yeux scintillent parmi les pierres. Rome la nuit, éclairage orange des réverbères, temples effondrés sous des pins parasols. Et puis Ilyas raconte que c'est Mussolini, à la fin des années 1920, qui a ordonné l'aménagement de ce qui n'était alors qu'un vague chantier de fouilles. Qu'on empile les blocs et redresse les colonnes, qu'on sente la grandeur de l'empire dont le dictateur se réclamait pour bâtir le sien. Ilyas nous pointe le symbole du *fascio* toujours présent un peu partout, gravé sur le socle d'une statue ou sur une bouche d'égout.

La ville éternelle, celle qu'on arpente et qu'on photographie aujourd'hui, est une construction fasciste.

Une autre fois, je vais visiter une prison, les ruines d'une prison, Carcere Mamertino, pour y écouter une création sonore de la scénariste et documentariste Adila Bennedjaï-Zou. L'entrée se fait par une église, et puis il faut descendre, et descendre encore jusqu'à déboucher dans un espace circulaire, exigu, une sorte de grotte. Seule source de lumière, un trou dans le plafond par où, me dit-on, on jetait parfois de la nourriture aux prisonniers. La création sonore est très simple : Mazhour Hammache, Kabyle vivant à Rome, raconte en italien son rapport à Jugurtha, commandant berbère et roi de Numidie qui, au IIe siècle avant Jésus-Christ, s'est opposé à l'Empire romain. Trahi, capturé, il est mort de faim dans cette cave lugubre. Elle dit que chaque fois qu'elle vient ici, elle apporte un morceau de pain ou une branche d'olivier. Telle qu'on me l'a enseignée, l'histoire de Rome, le berceau de notre civilisation, est une succession de triomphes, jusqu'à ce que des barbares précipitent le monde dans le Moyen Âge. La voix de cette femme modifie ce récit, et les lieux que j'ai sous les yeux. J'essaie d'imaginer avoir faim ici, lever la tête vers le trou et attendre que ça finisse. Lou ne s'attarde pas dans la prison souterraine, elle remonte à la lumière. Viens, on va traîner dans les fontaines.

Elles l'intéressent toutes. Les bassins monumentaux, les orifices cuivrés, les petits dauphins difformes des fontaines de Rome. Elle les observe comme des œuvres d'art, mais aussi comme des lieux où se joue et se contrôle, depuis des siècles, une partie importante de la vie publique et collective. C'est là que le pouvoir souverain met l'eau à disposition du peuple. Lou regarde beaucoup les bouches, où s'échangent paroles, salive et bactéries, les bouches comme début ou fin d'un système : le réseau souterrain rejoint la surface, quelque chose passe et se passe, l'invisible devient visible.

En s'écoulant, l'eau modifie la fontaine, érode lentement la matière, crée des concrétions qui déforment les visages. Les dents noircissent, des toisons d'algues luisantes recouvrent la pierre, des barbes de mousse pendent très bas, on repère parfois de petits escargots, les bouches grouillent de vie. Quand les fontaines commencent à ressembler à des grottes, rappelant la source qui les irrigue, elles sont nettoyées par les services municipaux, elles resplendissent de nouveau et Lou le regrette.

C'est elle aussi qui me rend attentif aux matières. Tout ce marbre qu'on voit partout, par exemple, c'est du travertin, une roche légère et maniable, présente en masse dans les collines du Lazio, une sorte de tuf et donc en fait pas du tout du marbre.

À la mi-octobre, pour la première fois de ma vie, je participe à la destruction d'une exposition. Sala Santa Rita, une église baroque désacralisée, près du Teatro di Marcello. Les voûtes sont blanches, les niches creuses, on dirait un temple protestant, dans cette ville qui m'habitue au faste, aux moulures, à l'or. Les œuvres exposées, en papier mâché, miment les statues, encensoirs et autres objets qu'on s'attendrait à trouver ici. Je mets quelques minutes à m'apercevoir que tout est parsemé de bonbons. Lou est là aussi.

Le bar d'à côté est tenu par un couple taciturne, qui nous sert des spritz et encaisse sans sourire. À l'heure dite, on retourne à l'église et je vois alors quarante ou cinquante jeunes gens bien habillés se jeter sur les œuvres, les lancer contre le sol, les déchirer, les piétiner. En hurlant, un garçon frappe de façon répétée un tas de papier informe. Je donne quelques coups de pied, sans conviction, incapable de jouer le jeu. J'aime quand quelqu'un se penche pour ramasser des bonbons qui retombent en pluie colorée. On sort quand un type en fait des projectiles qu'il balance sur nos visages.

C'est peut-être le même soir que Lou et moi, ivres, faisons honneur à l'acoustique du grand escalier. On se pose sur l'un des fauteuils jaunes et on chante Madonna, le refrain de « Frozen »

Mmmh, if I could melt your heart
Mmmh, we'd never be apart

d'abord presque sans ouvrir la bouche mais c'est irrésistible, l'écho amplifie nos voix et on chante de plus en plus fort, jusqu'à ce qu'on décide, pour ne pas réveiller toute la maison, de continuer dans le jardin.

La chronologie est floue. Je travaille à partir de mes notes et je n'ai de loin pas tout noté. Quand je la consulte, Lou n'est pas toujours capable non plus de reconstituer l'enchaînement. Mais je sais une chose : la première de ses pièces que j'aie vu achevée a aujourd'hui disparu.

On l'a invitée à participer à une exposition à San Giovanni, juste à côté de ma piscine, et elle n'a pas d'idée. Ça la tracasse, elle se demande pourquoi elle a accepté, mais en fait si, elle sait pourquoi : c'est une structure locale, elle veut contribuer, sinon on est qui, nous, dans notre villa suisse au cœur de la capitale ?

Exploration dans les caves de la maison. On rigole, on dit n'importe quoi et moi je ne suis quand même pas rassuré. À plusieurs reprises, la nuit, j'ai eu l'impression de voir quelqu'un debout au pied de mon lit, et Lou, en se réveillant d'une sieste, a senti qu'on la tirait par la jambe, elle glissait dans ses draps, elle a cru que c'était moi mais quand elle a enfin réussi à ouvrir les yeux, personne, évidemment.

Du fond de la cave, Lou revient chargée d'un grand évier en inox qu'elle emporte dans son atelier. Les jours suivants, elle dévisse le robinet, positionne l'évier à l'envers, le recouvre de cire. Elle fixe aux extrémités de la tuyauterie plusieurs bouches en céramique. Le résultat est bizarre, entre l'industriel et l'organique.

Après l'exposition, Lou récupère les bouches et entrepose ce qui reste de la pièce dans un coin de l'atelier. Elle est censée remettre l'évier là où elle l'a trouvé, mais à la fin du séjour, au moment de vider les lieux, elle se rendra à l'évidence : elle ne va pas se fatiguer à enlever la cire, de toute façon ce machin moisissait à la cave. La pièce désossée part à la poubelle.

Lou est à son bureau, dos aux fenêtres. En l'espace de deux mois, le mur au-dessus d'elle s'est fleuri d'images, croquis, plans, photos prises avec son téléphone qu'elle a fait imprimer pour pouvoir les épingler. Mais elle ne regarde pas les images, son visage soucieux est rivé à l'écran de son ordinateur. C'est elle qui m'a demandé de venir ici, pour lui filer un coup de main. Tu peux juste fermer la porte ?

Ce qui se passe, c'est que le G20 se réunit à Rome. On le savait : depuis plusieurs jours, notre quartier est pratiquement bouclé, les voitures de police et les jeeps militaires se sont multipliées et des hélicoptères patrouillent en permanence, ils frôlent la maison, assourdissants, on suspend les conversations le temps qu'ils s'éloignent.

Mais donc, m'explique Lou, en tant que Française à l'Istituto Svizzero, elle est invitée ce soir à la Villa Médicis, juste au bout de la rue, où une réception est donnée en l'honneur du président de la République. Elle est pâle en prononçant ces mots.

Je dis ok, en forme de question.

Elle dit : c'est pas possible pour moi d'être associée à ce type, de près ou de loin. Je peux pas cautionner ça, lui, son gouvernement, tout. Être sur des photos où on me verrait près de lui.

Je répète ok, et tu vas y aller ?

Elle soupire. C'est bien ça le problème, j'ai pas tellement l'impression d'avoir le choix. J'ai accepté d'être ici, dans un cadre institutionnel, c'est les règles du jeu. De toute façon il y aura du monde, aucune chance qu'on me présente à lui. Mais si ça arrive, je veux être prête, alors j'ai fait un texte. Une lettre. Tu es d'accord que je te la lise ?

Dans ma tête s'enclenche « Le déserteur » de Boris Vian, et dans mon souvenir, ce n'est pas si éloigné de ce que me lit Lou ce jour-là dans son atelier. Je suis debout, épaule contre le mur, et j'ai les larmes aux yeux en écoutant ce qu'elle compte dire au président de la République si elle le croise – ses quatre fucking vérités.

Quand elle finit, elle corrige encore deux ou trois choses et me dit bon, c'est pas incroyable, mais je suis pas Zoe Leonard. Comme je ne connais pas, elle me lit en anglais le poème que cette artiste américaine a écrit en 1992 et qui, depuis, n'a pas cessé de circuler. Plus tard, j'en tente une traduction.

> Je veux une gouine comme présidente. Je veux une présidente qui vit avec le sida et je veux un pédé comme vice-président et une personne sans assurance maladie et qui a passé son enfance sur un sol tellement saturé de déchets toxiques qu'elle sait qu'elle ne coupera pas à la leucémie. Je veux un président qui a avorté à seize ans et je veux une candidate qui ne soit pas le moindre de deux maux et je veux unx présidentx dont le dernier amour est mort du sida, que cette image hante chaque fois qu'iel cherche le repos, qui tient son amour dans ses bras en sachant que l'agonie a commencé. Je veux une présidente sans la clim, un président qui a fait la queue aux urgences, au service des automobiles et à l'aide sociale, s'est retrouvée au chômage et a été renvoyé et harcelée sexuellement et tabassé et expulsée. Je veux une personne

qui a passé la nuit au trou et a vu des croix brûler sur sa pelouse et survécu à un viol. Je veux une personne qu'on a aimée et blessée, qui respecte le sexe, qui a commis des erreurs et en a tiré des leçons. Je veux une femme noire comme présidente. Je veux une personne avec des dents pourries et un caractère de merde, je veux une personne qui a bouffé de la nourriture d'hôpital, une personne qui s'habille comme elle veut et qui a pris des drogues et suivi une thérapie. Je veux une personne qui a pratiqué la désobéissance civile. Et je veux comprendre pourquoi cela n'est pas possible. Je veux savoir pourquoi, à un moment donné, on nous a appris qu'un président est toujours un pantin : toujours le client et jamais la putain. Toujours le patron et jamais la travailleuse, toujours un menteur, toujours un voleur et jamais puni.

Il me semble, oui, que Lou aurait pu lire ces lignes au président de la République. Mais ce soir-là, à la Villa Médicis, elle ne l'a pas approché, sa lettre est restée pliée et silencieuse tout le temps de la réception.

Le lendemain, dernier samedi d'octobre, l'été refuse de finir et Lou propose une virée au marché de Piazza Alessandria. On est un petit groupe, on achète des courges et des piments rouges, de l'alcool et des bougies, on prend un café au soleil. De retour à la maison, on cuisine puis on monte nos assiettes sur le toit-terrasse. La bouteille de vin blanc débouchée, on redescend se changer, shorts, t-shirts ou débardeurs, il fait une chaleur folle. Lou a apporté son enceinte et on danse sur le toit.

Les hélicoptères continuent leurs rondes, il y en a deux qui font du surplace au-dessus du Vittoriano, de l'autre côté du centre historique. Rihanna demande *where have you been all my life* et on danse en faisant des grands gestes, on provoque les hélicos, on leur lance des doigts d'honneur. Lorsque l'un d'eux met le cap sur nous, c'est bien sûr un hasard, on est minuscules à l'horizon. On en rajoute une couche, on crie, Lou m'assure aujourd'hui qu'on leur a même montré notre cul.

J'ai vérifié : à vol d'oiseau, environ deux kilomètres séparent le Vittoriano de l'Istituto Svizzero. En quelques secondes, l'hélicoptère arrive à notre hauteur. Je ne pensais pas vivre ça, voir foncer sur moi un engin pareil, sentir sur ma peau les vibrations de sa présence agressive. Il ralentit et se maintient au-dessus de nous. Le vent fait trembler les assiettes sur la table et le vin dans les verres, la voix de Rihanna est noyée et on ne sait plus s'il faut continuer à danser.

Une main sort de la cabine et nous fait coucou, puis l'hélicoptère repart en glissant dans l'air brûlant.

Un vendredi de décembre, Ilyas, Lou et moi embarquons dans un train pour Naples. Derrière la vitre du wagon, le soleil se couche sur la mer. À l'arrivée, Ilyas s'extasie sur le rouge pompéien des immeubles, alors que pour Lou la ville est noire, d'autant plus noire qu'il fait nuit à 17h et que les sols en terre volcanique luisent de pluie. L'appartement qu'on a loué, sur les hauteurs, est glacial. Plus tard, on se confie des choses en buvant des verres, Lou nous parle de son frère, du couple que forment sa mère psychanalyste et sa compagne de longue date, des fêtes qu'organisait son père quand elle était enfant, dans les années 90 à Montpellier.

Le lendemain, Ilaria arrive de Calabre, où se trouve le chantier de fouilles sur lequel elle travaille. On visite à quatre le Museo archeologico. Immenses sculptures, un bœuf plus grand que nature, les longs cheveux d'Apollon qui caressent ses épaules et le haut de sa belle robe rouge. Devant une vitrine, Ilaria nous raconte le fonctionnement du commerce de céramiques autour du bassin méditerranéen au cours de l'Antiquité. Et puis Lou explique : tu peux obtenir cette couleur noire en imprégnant ton objet de lait avant de le cuire. Plus loin, contemplant une cruche, elle dit que c'est très difficile à réaliser, pour que ça monte si haut de manière si régulière.

À Capodimonte, Ilyas se souvient de la rivalité entre deux artistes du XVIIe siècle et Lou fait remarquer que cette main est étrange, la toile n'est clairement pas terminée. Au Madre, le musée d'art contemporain, devant une pièce d'Athena Papadopoulos, elle dit, admirative, que la sculptrice s'est bien démerdée. Elle le dit sérieusement, et je ris, mais je mesure surtout à quel point son regard diffère du mien. Ce que je vois en amateur relève pour elle de l'expérience concrète et sensible, familière. Une sculpture est le résultat d'une suite de gestes qu'elle connaît, qu'elle peut du moins se représenter.

De retour à Rome, sur le trajet entre la gare et la maison, je pose une main sur une colonne de l'église Santa Susanna et Lou dit ça fait du bien de retrouver le travertin.

Elle fonce à travers Rome sur un scooter électrique de location, direction San Lorenzo. Elle connaît l'itinéraire par cœur. Depuis septembre, elle se rend souvent dans ce quartier, près du Verano, le cimetière communal, là où travaillent tailleurs de pierre et marbriers.

C'est Lou qui m'a expliqué cette chose très simple que j'ignorais : dans une école d'art, on ne t'enseigne pas la technique. On t'entraîne à regarder, à penser, formes, matières, couleurs, comment ça s'articule, qu'est-ce que ça provoque. On t'encourage à te mettre au travail, expérimenter par toi-même, assumer un point de vue. On te demande : c'est quoi que tu essaies de dire, de faire, de faire voir ? Par quels moyens tu le rends sensible ? On va où avec ça ?

La technique, en revanche, pas tellement. Certaines personnes s'en fichent et font produire leurs pièces par d'autres. Mais Lou, ça l'intéresse. Elle s'est frottée à la céramique, à la fonte, au ciment, au textile. En arrivant ici, elle s'est dit bon, je fais de la sculpture figurative, et là je suis à Rome, alors allons au cœur du truc. Elle s'attaque au gros poisson, va essayer d'apprendre le marbre.

Elle commence par prendre des cours. Les horaires se chevauchent avec les leçons d'italien qui nous sont dispensées à l'Istituto et qu'elle doit sécher. Mais comme son prof de marbre ne parle pas anglais, la langue rentre quand même à force de travailler avec lui dans sa cave de Flaminio, où elle va toutes les semaines en longeant le Tibre.

En parallèle, elle récolte ici ou là des éclats de pierre qu'elle ramène dans son atelier et dispose sur une table. Chaque pièce de sa bibliothèque de marbres est étiquetée, avec nom et provenance. Rosso Levanto, Giallo di Siena, vert de Gênes, granit, onyx. Les veines du bleu turquin, ou Bardiglio, s'épanouissent comme des fleurs. Certaines pierres sont très friables, d'autres sont tendres – et quand elle emploie cet adjectif, j'ai une sorte de frisson, une envie irrépressible de toucher cette matière et de la modeler.

Après quelque temps, elle rentre de son cours en possession de sa première bouche en marbre, un objet blanc, irrégulier, étrangement lourd, qui tient dans la paume et que je tourne et retourne longuement entre mes mains.

Sauf qu'une bouche, c'est bien, mais c'est loin d'être suffisant.

En arrivant à San Lorenzo ce jour-là, Lou gare le véhicule devant un magasin où elle n'a encore jamais mis les pieds. Elle a essayé d'y venir plusieurs fois, les horaires sur Google ne correspondent pas à la réalité. Elle a insisté parce qu'elle a bon espoir d'y trouver enfin ce qu'elle cherche, et aujourd'hui par miracle c'est ouvert.

À l'intérieur, tout repose sous une couche de poussière : fraises, scalpels, ciseaux, marteaux, forets, et des rayons de produits chimiques. Aux murs, des affiches des années 80 pour des concours internationaux de sculpture. Dans un coin, une femme est penchée sur de fines lamelles colorées qu'elle découpe en dés.

Un homme s'avance, longs cheveux blancs au carré, ventre rond sous un t-shirt de rock. Lou explique qu'elle est artiste, qu'elle s'est mise au marbre, et qu'elle cherche des variétés roses et rouges, différentes teintes de rose et de rouge, des morceaux assez gros, elle doit pouvoir tailler des bouches dedans.

De ses mains énormes, l'homme fait un geste qui veut dire laisse tomber. Personne a ça ici. À Rome on fait que des putains de marbres de cimetière et des fragments pour les mosaïques – un regard du côté de la femme qui ne lève pas la tête. Et il ajoute quelque chose comme : Rome c'est mort, y a rien ici. Il faut que tu ailles à Carrare. J'ai une piaule là-bas, un atelier, je peux t'emmener.

Comment ça, Carrare ? Elle ne va pas se barrer à l'autre bout du pays. En plus ce nom, Carrare, l'image qu'elle se fait de ce lieu, le stéréotype absolu quand on parle de marbre, ça ne lui donne pas du tout envie.

Elle cherche encore, ne trouve pas et le temps passe. Janvier. Elle retourne voir l'homme de San Lorenzo. Est-ce que la prochaine fois qu'il va à Carrare, il y aurait moyen qu'il lui ramène quelques morceaux de marbre polychrome ?

Il lui répond je pars demain, tu viens ?

Au moment de monter dans la camionnette jaune, Lou hésite une dernière fois. Elle ne connaît pas ce mec avec lequel elle s'apprête à passer plusieurs jours. Et puis elle se redit que l'épouse était là quand il lui a fait sa proposition, la veille, et cette idée la rassure suffisamment pour qu'elle claque la portière et se cale dans le siège passager.

Stefano démarre, peut-être qu'il lui explique le programme, elle ne comprend pas tout, toujours est-il qu'avant de sortir de la ville, il se gare devant une boucherie. Il en revient avec une saucisse sèche, la meilleure de Rome, pour la route.

La discussion au départ manque de fluidité. Lou regarde autour d'elle, observe ces rues qui lui sont désormais familières. Elle repère au vol une affiche de Einstürzende Neubauten, un groupe pionnier de la musique industrielle. Elle ne s'attend pas à ce que Stefano dise à haute voix le nom du groupe et lui demande tu connais ? Elle connaît, oui, assez bien même. C'est son père qui l'a initiée à toutes sortes de musiques. Stefano est étonné, elle sent qu'elle commence à l'intéresser. Il s'ouvre, lui dit que le marbre, bon, mais ce qu'il aime lui, c'est le rock et la sérigraphie, il fait de la microédition alternative. Ça leur donne de quoi discuter jusqu'en Toscane.

En chemin, elle sort de son sac les bouches en céramique qu'elle a produites récemment, qui pourront servir de modèles à celles qu'elle veut réaliser en marbre. Ses cours hebdomadaires ne suffiront pas, elle va avoir besoin de quelqu'un pour l'aider. Certaines de ces bouches ressemblent à des anus, c'est un peu étrange de les montrer à Stefano. Il ne commente pas, il prend son téléphone et passe des coups de fil. Il roule à 50 km/h sur l'*autostrada*, puis à 180, double par la droite sans cesser de parler dans le combiné. Lou évite de regarder la route.

À Carrare, Stefano se gare devant son atelier de sérigraphie. Elle patiente mais elle n'est pas là pour ça. Quand elle lui dit qu'elle sort faire un tour, il répond non, attends, j'arrive, je t'emmène aux carrières.

En quittant la petite ville, la route se met à serpenter. Tout est recouvert d'une poudre blanche. Stefano désigne des éléments du paysage, dit tu dois imaginer qu'avant, la montagne allait jusque-là. La camionnette s'engage dans de minuscules tunnels, comme un wagonnet de mine dans un dessin animé. Des ateliers se trouvent un peu partout dans les carrières. Depuis la pandémie, beaucoup d'espaces ont dû fermer, et de manière générale, plus grand monde ne bosse ici, le taux de chômage est très élevé.

Stefano raconte. Avant, les carrières appartenaient à la communauté. C'était la montagne, c'était le sol. Mais un beau jour, Maria Beatrice Ricciarda Cybo-d'Este, duchesse de Massa et princesse de Carrare, change le statut de ces terres et, pour aller vite, simplifie leur exploitation. La loi vaut toujours aujourd'hui, deux siècles plus tard, et permet aux propriétaires actuels, d'énormes sociétés internationales, de payer très peu d'impôts, privant la région de ces bénéfices. C'est le paradoxe de Carrare, que le monde entier connaît pour la richesse de son sol et dont la population s'enfonce dans la précarité.

De retour en ville, Stefano montre à Lou, au centre d'une place, une grande statue en marbre blanc de la princesse Maria Beatrice.

Le soir, des gens en noir débarquent pour manger le cochon que Stefano a fait cuire pendant des heures. Tout le monde vient avec son chien, ça rappelle à Lou quelque chose de son adolescence ou, un peu plus tard, ses soirées en squat. Ce n'est pas qu'une impression : on lui explique que c'est par Carrare que le mouvement anarchiste s'est implanté en Italie, à la fin du XIXe siècle. La privatisation du territoire a détérioré les conditions de travail et il a bien fallu s'organiser pour survivre. Dans l'atelier de Stefano, parmi les sculptures, Lou repère un « Mussolini testa di cazzo » qui représente le Duce coiffé d'un chapeau en forme de pénis.

Elle apprend que longtemps, ici, tu mourais de la silicose. Une maladie des poumons due à l'inhalation de la poussière générée par la taille du marbre. Essoufflement, toux, perte de poids, fièvre, jusqu'à la suffocation. Aujourd'hui, on se protège, mais cette poudre tellement fine qui s'échappe des carrières se dépose partout, blanchit les arbres et imperméabilise les sols. Comme si tout le paysage était le plancher d'une vaste salle de bal, sur lequel l'eau ruisselle sans plus rien pénétrer.

Le pire, c'est que cette poudre vaut de l'or. Quand on dit Carrare, tu penses histoire de l'art, statues de Michel-Ange, ou tu imagines des cuisines à Zurich et des spas de luxe à New York. En réalité, une immense partie du marbre extrait ici ne l'est que pour être pulvérisé et transformé en carbonate de calcium. Une sorte de craie, une ressource que tu peux produire à peu près n'importe où, sauf qu'ici il y a toutes les infrastructures pour le faire à grande échelle, alors on en profite. L'industrie du carbonate de calcium est l'une des plus grosses du monde. La poudre sert d'épaississant et d'opacifiant. Il y en a dans les peintures, le plastique, les yaourts, le dentifrice. Ouais, tu te brosses les dents avec du marbre de Carrare.

Lou écoute, retient. Tard dans la nuit, Stefano et les autres dansent sur du Britney Spears dans les rues de leur ville.

C'est ce premier soir qu'elle rencontre Riccardo, un jeune sculpteur qui est d'accord de l'aider. Le lendemain, elle part avec lui dans la montagne, jusqu'à l'ancienne école de marbre où se trouve son atelier. Riccardo fait la tournée des gens qu'il connaît et récolte des fragments rouges et roses, extraits du monde entier et acheminés ici pour être travaillés. Il n'achète rien, ne prend que les chutes, ce qui n'a plus de valeur économique.

Et dans ces chutes, dans la montagne, Lou et lui passent cette journée et les deux suivantes à sculpter des bouches. Il se charge de la coupe générale, puis elle fait le détail. Le soir, leur corps aussi est recouvert de poudre blanche.

Quand Lou rentre à Rome, elle me raconte son séjour. Sa bibliothèque de marbres s'est enrichie, son atelier regorge de bouches.

Elle me parle de différentes techniques de polissage, qui permettent par exemple d'approcher la translucidité d'une peau humaine. Pour me montrer, elle humidifie un morceau de roche, verse un peu d'eau qu'elle étale de la main. Sous sa paume, la pierre se métamorphose.

Par une chaude journée d'hiver, en se promenant à Testaccio, on passe à côté de ce qui ressemble à une pyramide d'amphores ruisselante. Ilyas raconte : c'est l'œuvre de Pietro Lombardi, 1925. L'architecte a été choisi par Mussolini pour dessiner une série de fontaines destinées à trôner dans chacun des quartiers de la cité antique. Elles n'ont l'air de rien, pourtant ces constructions marquent le début de la fin.

Ça commence avec une fontaine, dont l'eau devient synonyme d'hygiène et, très vite, de pureté, avec ce que ce mot a de glissant et de visqueux. Puis des ruines sont exhumées pour évoquer la glorieuse histoire de Rome, la ville fasciste s'érige en héritière de la capitale impériale du Ier siècle, et comme s'il n'y avait rien eu entre les deux, des quartiers médiévaux sont rasés – le terme technique est « éventrement » – pour faire place à de vastes avenues où pourront défiler en grande pompe les chars et les soldats. Le régime totalitaire fait son nid en modelant la ville. Dix ans après la première fontaine, l'Italie envahit l'Éthiopie.

Si cette pile d'amphores était une statue, on mourrait d'envie de la déboulonner. Mais une fontaine ? Quelques jours plus tard, Ilyas et Lou prennent un café et commencent à réfléchir.

Depuis Carrare, Lou ne se sent plus tout à fait la même. Elle repense à ses lectures de l'automne, les auteurs latins qui voyaient dans chaque point d'eau une nymphe et savaient qu'elle pouvait aussi bien se révéler mortelle que miraculeuse. Elle aimait ces récits, ce rapport aux ressources naturelles considérées comme des créatures vivantes et complexes, et voulait que son travail leur fasse écho. Elle s'est renseignée sur la formation du marbre, croit comprendre qu'il naît de la différence de pression entre des crevasses sous-marines et la montagne où la pierre ressurgit, et si ce n'est pas vrai, c'est drôlement bien trouvé. Et puis voilà qu'en allant sur le terrain, à Carrare, elle est tombée sur cette histoire d'exploitation et de mort liée à des enjeux économiques et politiques à l'échelle de la planète. Le marbre dans nos yaourts, plus rien que de la poudre pour faire du blé.

Alors prend forme la première fontaine qu'elle produira à Rome. Une cuve rectangulaire, très basse, dans laquelle sont disposés des morceaux de roche et des fragments de canalisation munis de bouches en marbre. Tout baigne dans une substance blanche, mélange d'eau et de carbonate de calcium. C'est laiteux et beau, ça donne envie de toucher mais je ne vois cette pièce qu'en photo, Lou en a conçu les éléments dans son atelier avant de les assembler directement dans l'espace d'exposition, quelques semaines plus tard, en Suisse.

Elle la baptise *Petrifying Basin*. Une référence aux sources pétrifiantes, connues au moins depuis l'Antiquité : des eaux dont le calcaire, en se déposant sur les choses, feuille, branche, cadavre d'insecte, a le pouvoir de les transformer en pierre. Mais l'œuvre convoque aussi l'autre sens du mot pétrifiant, l'espèce d'effroi que causent les histoires apprises à Carrare, la poudre qui se cristallise dans les poumons et sous laquelle suffoque le paysage. Ces bouches qui surnagent pourraient tout à coup s'ouvrir pour happer l'air ou se mettre à hurler.

Le temps s'accélère au cours du printemps.

J'écris chaque matin, mais pas le livre que je pensais. Ça ressemble à une course contre la montre, parce que le projet est fragile, je crains qu'il m'échappe et sens qu'il faut le terminer ici, mais le clavier de mon ordinateur tombe en ruines. Les touches se détachent une à une, le D, le S, le F restent collés à mes doigts et la longue barre penche sous mon pouce, mes textes se truffent de doubles espaces. Je les traque, me mets à en voir là où il n'y en a pas.

De son côté, Lou aussi est en pleine action. Elle a entamé la phase de production de ses pièces mais n'a pas pour autant cessé ses recherches. L'un ne va pas sans l'autre, elle comprend la matière en la travaillant, et plus que jamais, quand elle me dit ça, il me semble qu'elle et moi parlons le même langage.

La maison se transforme, un vaste chantier de rénovation débute. L'entrée côté Via Ludovisi est condamnée, la réception déménage dans la dépendance, Via Liguria, il ne faut pas oublier de donner cette nouvelle adresse si on veut que le courrier nous parvienne.

Et puis à la mi-mai, je reçois un mail m'invitant à dresser le portrait littéraire d'un ou une artiste. J'ai peur que Lou refuse, j'attends un peu avant de lui en parler. Mais non, c'est bon, elle est d'accord.

Je prends toujours des notes sur elle.

Elle a l'oreille pour les oiseaux. Depuis la fenêtre de son atelier, elle communique avec une chouette qui doit nicher dans l'un des arbres du jardin. La saison venue, elle repère le nid de goélands sur le toit et me montre les petits. L'un d'eux se fait enlever par un corbeau, mais deux autres, après être tombés, grandissent bruyamment sur la pelouse, on se demande s'ils sauront voler avant notre départ.

Un jour à midi, elle m'apprend à manger une nèfle. Tu la pèles comme ça, tu retires le noyau – qu'elle nettoie pour en admirer la couleur dorée –, tu verras le goût est particulier.

L'annonce tombe : elle remporte le concours pour la fontaine publique, à Genève, celle dont le prototype en glaise a longtemps trôné dans son atelier. Si tout va bien, elle sera inaugurée en 2025 et on boira de l'eau fraîche propulsée par du Lou Masduraud.

Dans le grand salon des portraits de l'Académie d'Espagne, elle pose devant ces visages d'hommes venus peindre ici au cours des siècles. Je sais que je prends une photo, mais impossible de la retrouver. Quand je fais lire à Lou le texte que j'écris sur elle, elle me dit c'est moi qui l'ai, on l'a prise avec mon téléphone, tu veux qu'on la mette dans le livre ?

C'est à la même période, tard dans le séjour, que je fais enfin le tour du jardin et découvre, du côté de l'église San Isidoro, de petites tortues dans un enclos.

Reto nous embarque dans sa vieille voiture pour aller passer un après-midi dans les Monti Prenestini, à l'est de Tivoli. Aucun but précis, il n'y a rien de remarquable à visiter, mais Lou repère des genêts et observe longuement, sous le ciel couvert, un extraordinaire arbre de Judée. Elle compose un bouquet en cueillant les fleurs de bord de route, dont elle noue la gerbe avec un masque chirurgical. Elle rapporte aussi plusieurs branches qu'elle dispose dans des bouteilles vides pour décorer notre austère cuisine, et moi j'inventorie ce qu'on a fait ensemble, on dirait le programme d'un mercredi d'enfance : ramasser de la bourrache, fumer de la liane, jouer de la trompette avec des herbes, manger des fleurs à lapins, sucrées et violettes.

Mais c'est lors d'une autre virée avec Reto, sur la côte du Lazio ou en Toscane, je ne sais plus, je n'y étais pas, que Lou trouve cet énorme morceau de tuf qu'elle ramène à l'Istituto. Elle aime cette matière vivante, qui grandit par encroûtement calcaire et où prolifère une végétation rase et obstinée. Quand elle doit s'absenter plusieurs semaines pour le travail – un jury à Cergy, l'exposition à Bâle où elle montrera *Petrifying Basin* –, elle place la pierre sur une table dans le couloir du cinquième étage. Rédigé par elle à la main, un panneau en deux langues nous demande de l'arroser autant que possible. À côté, un vaporisateur d'eau. De ma chambre, j'entends parfois des pas qui s'interrompent, une seconde de silence, puis le pchit pchit pchit appliqué. Des insectes évoluent sur la pierre. Le vert de ses mousses devient émeraude.

Lou fait un rêve.

> Je suis à une fête dans la forêt. Je connais absolument tout le monde, mes cercles sont réunis, la famille, le boulot, les potes. Je me demande ce que font ces gens ici jusqu'à ce que je comprenne que c'est pour mes funérailles. C'est mon père qui les organise, il va me donner en sacrifice pour son nouveau-né. Moi du coup je suis super vénère, et surtout je comprends pas que tout le monde soit venu et trouve ça normal, fasse comme si de rien n'était alors que c'est complètement délirant. Finalement mon frère me dit non mais viens, on s'en va. Alors on s'en va, mais pour faire la même chose ailleurs.

> Une plus petite fête, pour les VIP, mais quand même pour le sacrifice. Et tout le monde me fait c'est normal que tu sois triste, tu vas mourir. Enfin, je tombe sur quelqu'un que je connais pas, et du coup avec lui j'essaie de trouver une solution. C'est comme un déclic, je comprends comment m'en sortir : je vais me transformer en pierre, avec une bouche, pour pouvoir continuer à parler. Voilà, je vais me transformer en ça. Tout est réglé, plus de problème, je me réveille.

À Paris, elle a fait orner ses dents de faux diamants. Elle dit en riant que c'est pour être assortie à ses sculptures.

Son retour précipite la fin de la résidence. Les travaux qui ont commencé dans le bâtiment de la réception vont se poursuivre cet été au cinquième étage. Tout va être rénové, des murs abattus, les meubles remplacés. On ne doit donc rien laisser en partant, aucune plante, pas de petit mot pour la prochaine volée.

Lou tente quand même le coup : je l'aide à planquer, dans le placard sous l'escalier, ses morceaux de marbre et ses fragments de roche. Elle revient ici cet automne pour fabriquer sa nouvelle pièce, elle ne va pas se trimballer ça jusqu'à Genève et retour. Elle descend au jardin la grosse pierre de tuf et demande à Alessandro de veiller sur elle.

Fin juin, soirée de clôture à l'Istituto. Des centaines de personnes flânent dans les studios et les jardins, découvrent les œuvres réalisées au cours de l'année, assistent à des lectures. Il y a un bar, plus tard un DJ set.

Lou et Ilyas parcourent la foule le sourire aux lèvres. De temps en temps, elle ou lui s'approche de quelqu'un pour lui tendre un petit paquet, et quand c'est mon tour je sais ce qu'il y a dedans mais je le reçois quand même comme s'il s'agissait d'une surprise.

Le papier d'emballage représente un collage de textes et d'images : une photographie de Mussolini, quelques lignes sur Pietro Lombardi, une citation de Frontin – « certaines eaux sont mortelles » –, et comme un tag noir, en lettres dégoulinantes, les mots PUBLIC PLUGS FOR FASCIST FOUNTAINS. Sur une seconde feuille, les neuf fontaines de Lombardi, et leur emplacement sur la carte de Rome, carte au trésor empoisonné.

Au creux du papier froissé, un petit objet blanc, ferme mais flexible, du silicone. À l'une des extrémités, une langue sort d'une bouche. L'autre moitié est conique : un plug anal comme on en trouve dans tous les sex-shops. Les jours suivants, Ilyas et Lou reçoivent des vidéos de gens qui enfoncent leur plug dans les tuyaux des fontaines fascistes. La force du jet rend l'opération plus ou moins difficile, il faut parfois s'y mettre à plusieurs, l'eau éclabousse tout et les bouches de Lou sourient à la ville.

Les départs s'échelonnent sur une semaine. Vanessa s'en va la première, en voiture. Ilyas reste à Rome, en tout cas pour quelques mois, après il verra. Les bébés goélands testent leurs ailes mais peinent encore à décoller. Lou va dire au revoir à Stefano. Après Carrare, elle est retournée lui rendre visite, lui a acheté des outils, l'a invité à l'Istituto, mais il n'est jamais venu. Elle lui offre un plug.

Le matin de son départ, elle met sa valise dans l'ascenseur. On est plusieurs à l'accompagner jusqu'au portail de Via Ludovisi, auquel on accède en longeant la zone en travaux. Elle monte dans le taxi, quelque chose se termine.

Deux minutes plus tard, elle m'envoie une vidéo. Par la fenêtre de la voiture, la grande fontaine de Repubblica, les pavés font vibrer le véhicule, l'image est floue. J'augmente le volume et j'entends alors, grésillante, étouffée, la chanson que diffuse la radio :

Mmmh, if I could melt your heart
Mmmh, we'd never be apart

Octobre. C'est la première fois que je reviens à Rome, j'ai la gorge serrée en voyant la façade de la maison derrière son mur d'enceinte. Je monte les marches de la dépendance et entre dans le jardin. L'impression de n'être jamais parti et pourtant ma vie ici me semble déjà irréelle, mais je le savais depuis le premier jour, c'était une autre planète. Je lève la tête vers les arbres, repère les perruches et c'est la voix de Lou qui m'accueille, Lou qui crie mon nom depuis la grande loggia où s'active toute l'équipe.

Sa fontaine est là-haut et a désormais un titre : *Spit kiss from earth*. Crachat, bons baisers de la terre. Un cercle parfait, blanc cassé, qui épouse le sol en mosaïque. Au centre, comme en lévitation à quelques centimètres au-dessus du fond du bassin, l'énorme morceau de tuf ramené du Lazio ou de Toscane, désormais serti de pierreries. Agate, améthyste, malachite, serpentine. Perles de verre et perles d'huître. Des os aussi, fixés par des clous. Au sommet, une bouche en marbre de Carrare – la première bouche en marbre de Lou. La nymphe est en vie, son chant liquide ruisselle doucement et irrigue toutes les matières, qui se modifient imperceptiblement.

Même s'il a fait une chaleur atroce cet été, les mousses ont tenu bon. Et si elle en avait le temps, la pièce pourrait évoluer à l'infini. Mais Lou me dit qu'après l'exposition, il faudra l'entreposer quelque part et la pierre va mourir, c'est sûr, c'est comme ça.

Le soir du vernissage, les gens défilent devant la fontaine. Lou invite les personnes qui le souhaitent à embrasser la nymphe. Quand c'est mon tour, je m'agenouille, intimidé.

Une main posée sur le rebord, l'autre sur la pierre, je me penche sur la bouche mais sans toucher le marbre. C'est l'eau seule que j'embrasse.

Réception nocturne dans les jardins de la Villa Maraini,
Istituto Svizzero di Roma, 2022

L'*ora d'oro*, vue d'atelier de Lou pendant la résidence
à l'Istituto Svizzero di Roma, 2021-2022

Collection de pierres, vue d'atelier de Lou à Rome

Mascarons de pierre déversant un flux continu,
Cento fontane, Villa d'Este, Tivoli, 2022

Élément de distribution hydraulique des collections du Vatican, bronze, Ère impériale, Musées du Vatican

Vue d’atelier de Lou à Rome, modèles de bouches
en terre crue en vue de leur reproduction en marbre

Taille de marbre à partir des bouches modèles, vue d'atelier dans une ancienne école de taille de pierre réhabilitée par un collectif d'artistes, directement dans les carrières de Carrare

L'ogre du Parco dei Mostri de l'architecte Pirro Ligorio,
Sacro Bosco de Bomarzo, Province de Viterbe, XVIe siècle

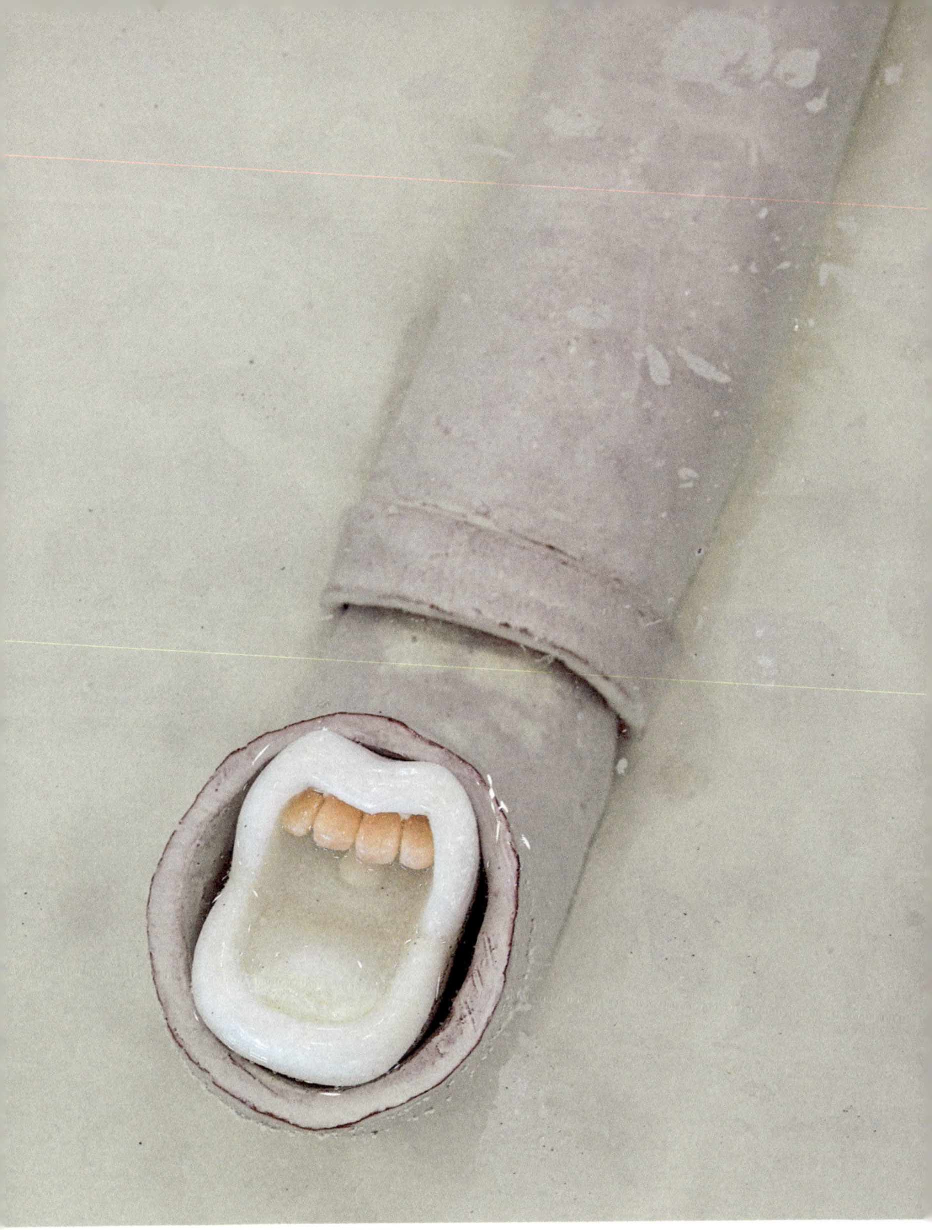

Petrifying basin (kisses with the nymphs), détail, vue d'exposition, Swiss Art Awards 2022, Bâle (courtesy FRAC Champagne-Ardenne)

Bouche dégout bouche désir, nettoyage des marbres incrustés
dans des pierres de tuf dans la douche de la résidence,
Istituto Svizzero di Roma

Petrifying basin (kisses with the nymphs), vue d'exposition, « Hannah Villiger: Amaze me », Muzeum Susch, 2023. Marbres, travertin, tuf, carbonate de calcium, strass, céramique émaillée, perles, coquillages, aluminium, bois, eau (courtesy FRAC Champagne-Ardenne)

Chorale sur le bureau de Lou, fabrication des bouches
en terre et en pierre en atelier, Istituto Svizzero di Roma

Petrifying basin (kisses with the nymphs), détail, vue d'exposition, Swiss Art Awards 2022, Bâle (courtesy FRAC Champagne-Ardenne)

Lou, une résidente suisse au milieu des anciens résidents de la gent masculine de la Real Academia de España en Roma, 2022

Kiss (the eternal youth bacteria exchanger), 2022,
céramique émaillée, perles de verre, fil de nylon
(collection privée)

Vue d'atelier pendant la fabrication de *Spit kiss from earth*, Istituto Svizzero, 2023

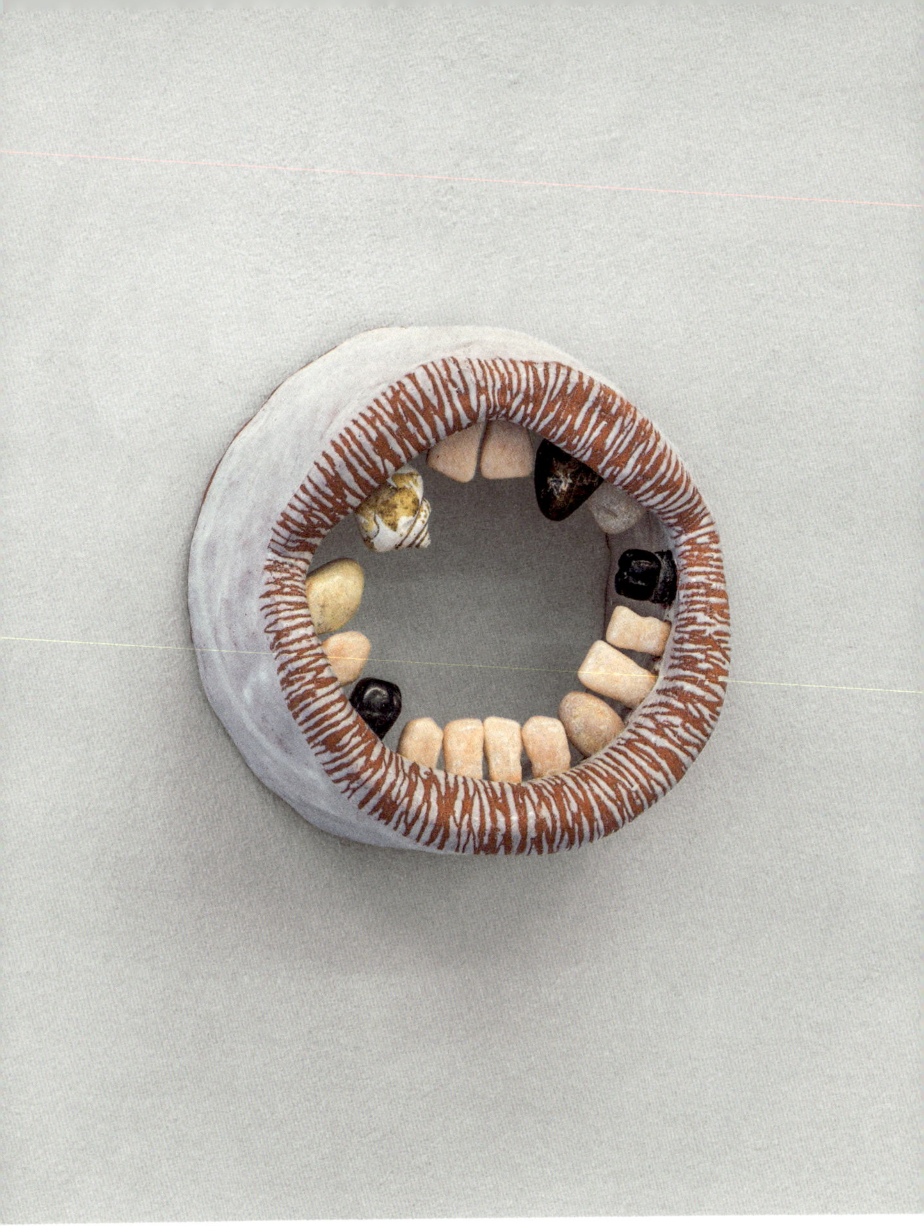

Kiss (without health insurance but an antispecist approach of the mouth as an environment), 2022, céramique émaillée, marbre rose, marbre noir, cailloux, coquillage, verre poli par la mer (collection privée)

Le baiser humide d'une nymphe permettant le développement
de la vie, mascaron d'une fontaine presque asséchée
de la Villa d'Este, Tivoli, 2022

Un rire denté, sculpté en grès émaillé, détail de l'œuvre
Mananagement (pih pah pooh pah), 2024

Une bouche pétrifiante, détail de la fontaine de la Piazza della Rotonda en face du Panthéon, Rome, 2022

Une bise sulfureuse sculptée en grès émaillé, détail de l'œuvre *Mananagement (pih pah pooh pah)*, 2024

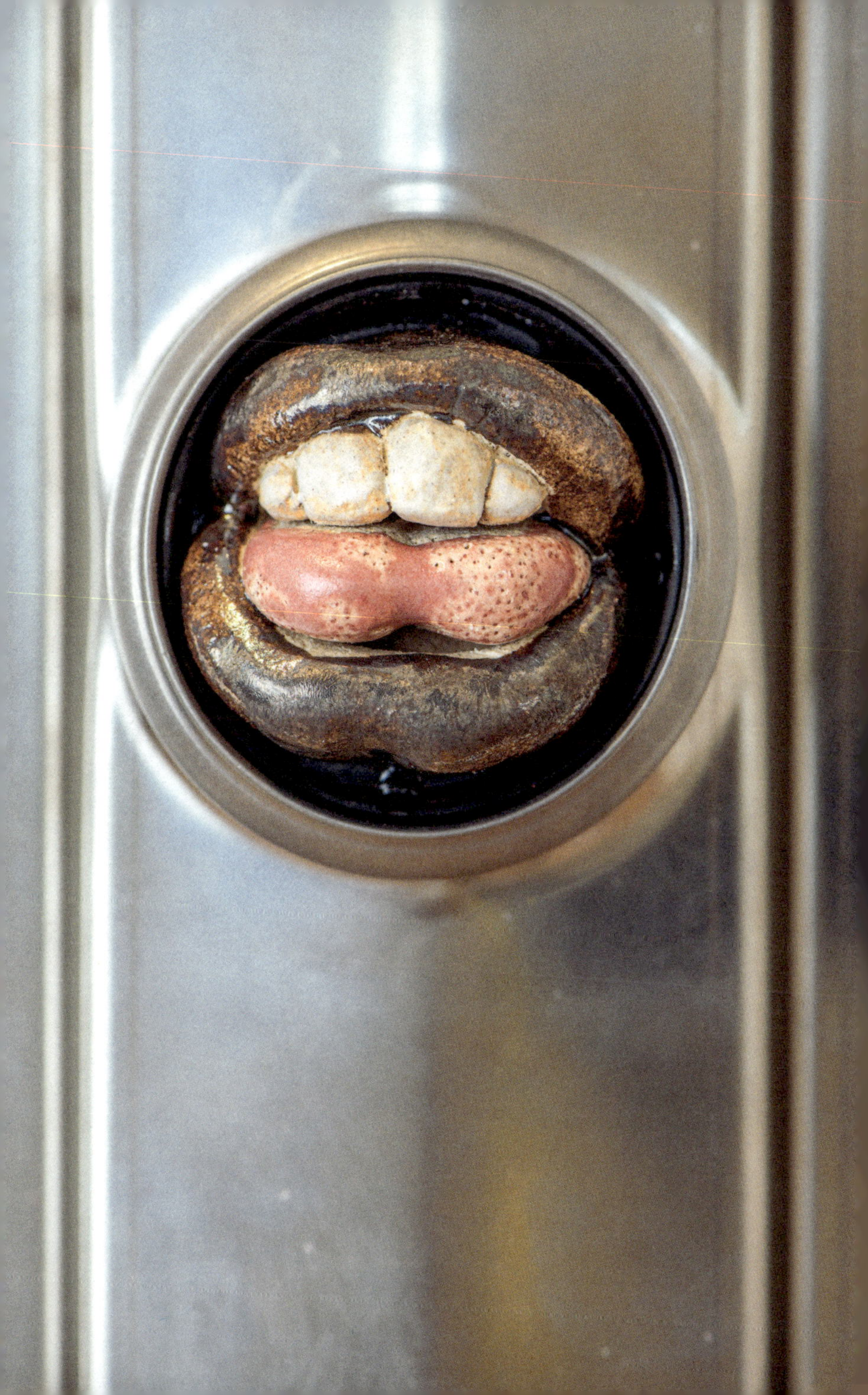

Public plugs for fascist fountains, édition de 250 exemplaires, silicone, collaboration entre Ilyas Azouzi et Lou Masduraud, Istituto Svizzero di Roma, 2022

Public plugs for fascist fountains, édition de 250 exemplaires, silicone et carte imprimée sur papier de soie, collaboration entre Ilyas Azouzi et Lou Masduraud, Istituto Svizzero di Roma, 2022

Spit kiss from earth, terrasse de l'Istituto, vue de l'exposition « L'arcobaleno riposa sulla strada », Istituto Svizzero di Roma, 2022

Lou et la déesse Diane d’Éphèse, Villa d’Este, Tivoli, 2022

Fontaine (I-VIII), détails, 2023, cuivre oxydé par des rondelles de cornichons et des contacts avec la peau humaine, perles d'huître, marbre, tuf, coquillage, strass, bois peint, système de pompes, eau

BRUNO PELLEGRINO

Bruno Pellegrino est né en 1988 et vit à Lausanne. Lauréat du Prix du jeune écrivain pour sa nouvelle « L'idiot du village » (Buchet/Chastel, 2011), il publie en 2015 son premier livre, *Comme Atlas*. Actif de 2012 à 2021 au sein du collectif AJAR, il participe entre autres à l'écriture à dix-huit mains du roman *Vivre près des tilleuls*. En 2018, son roman *Là-bas, août est un mois d'automne* remporte notamment le Prix des Libraires Payot, le Prix Alice Rivaz et le Prix Alain-Fournier. Son roman suivant, *Dans la ville provisoire*, est lauréat des prix Paysages écrits, Bibliomedia et Michel Dentan. Avec Aude Seigne et Daniel Vuataz, il co-écrit les deux saisons de la série littéraire *Stand-by* ainsi qu'un « roman de gare », *Terre-des-Fins*. Après avoir collaboré durant quatre ans à l'édition critique des *Œuvres complètes* du poète Gustave Roud, il a passé l'année 2021-2022 en résidence d'écriture à l'Istituto Svizzero de Rome, où il a terminé son dernier livre, *Tortues*. Depuis septembre 2022, il est éditeur aux éditions Zoé, à Genève.

BIBLIOGRAPHIE

Comme Atlas, Paris, Tind, 2015, Genève, Zoé Poche, 2018
Vivre près des tilleuls, avec le collectif AJAR,
Paris, Flammarion, 2016
Électrocuter une éléphante, nouvelle,
Lausanne, Paulette éditrice, 2017
Là-bas, août est un mois d'automne, Genève, Zoé, 2018
Stand-by, saisons 1 et 2, avec Aude Seigne et Daniel Vuataz,
Genève, Zoé, 2018 et 2019
Les mystères de la peur, roman jeunesse,
Genève, La Joie de lire, 2019
Dans la ville provisoire, Genève, Zoé, 2021
Terre-des-Fins, avec Aude Seigne et Daniel Vuataz,
Genève, Zoé, 2022
Tortues, Genève, Zoé, 2023

LOU MASDURAUD

Lou Masduraud, née en 1990 à Montpellier, vit et travaille à Genève depuis une dizaine d'années. Elle a étudié à l'École nationale supérieure des beaux-arts de Lyon et à la HEAD. Elle s'intéresse aux espaces et aux pratiques de la vie collective ainsi qu'aux systèmes qui les rendent possibles. Dans ses installations, elle travaille les réseaux formels et informels des activités humaines. Les machineries (réseaux électriques, éclairage public, égouts, souterrains), qui pompent et évacuent en permanence les flux nécessaires à la vie de la cité. Lampadaires, bouches d'aération, soupiraux, boîtes aux lettres deviennent alors des lucarnes vers l'intérieur du corps de la ville, laissant entrevoir les lieux négatifs qu'habitent les infrastructures, les architectures et les institutions dont nous dépendons pour vivre. Dans ces lieux interstitiels, Lou Masduraud propose des formes de renversements fantasmagoriques et d'alternatives aux réalités dominantes.

Lou Masduraud a présenté son travail lors d'expositions monographiques (CAN, La Maison Populaire, Hard Hat) et collectives dans des institutions européennes (Musée d'art moderne de la Ville de Paris, Centre d'art contemporain de Genève, Fondation d'entreprise Ricard, Kunsthaus Hamburg, Kunsthalle Basel, biennales de Lyon et de Moscou...). En 2022, elle a mené une recherche sur les fontaines publiques au cours d'une résidence à l'Istituto Svizzero à Rome. En 2023, elle reçoit le Prix culturel Manor, qui lui ouvre les portes du MAMCO à Genève pour une première exposition monographique institutionnelle. En 2024 elle est lauréate des Swiss Art Awards.

EXPOSITIONS PERSONNELLES

2024 *What cracks?,* Kunsthaus Langenthal
Get out of here, ADA project Gallery, Rome
Management opera, Kunst Raum Riehen
Oxydations, Institut français d'allemagne, Berlin
2023 MAMCO, Prix Manor, Genève
LISTE, représentée par la galerie Alexandra Romy, Bâle
2022 *Parallels,* CAN, Centre d'art Neuchâtel, Neuchâtel
Wet Men, May Day, Bâle
2021 *Systm soupir,* La Maison Pop, Montreuil
2017 *Coil interior* (avec Antoine Bellini), Hard Hat, Genève
2016 *From you through them to situation* (avec Antoine Bellini), La BF15, Lyon

EXPOSITIONS COLLECTIVES

2024 *Le chant des sirènes*, Villa Médicis, Rome
Seriously, yes, WVK galerie, Zoug
Arcadia, Fondation Bally, Lugano
The fountain show, Kunsthal Mechelen
Une clameur, Château de Voltaire, Ferney Voltaire
Surréalisme. Le Grand Jeu, MCBA, Musée Cantonal des Beaux Arts, Lausanne
Temps de mars, Musée des Beaux-Art, La Chaux-de-Fonds
Power up, Le Grand Café, Centre d'art Contemporain, Saint Nazaire
Duo show, Kunst Raum Riehen, Bâle
2023 *The cup of water that gives itself to thirst*, (sans titre) gallery, Paris
Artissima Art Fair, duo show, représentée par ADA project Rome, Turin
Biennale *SOL!*, MO.CO, Montpellier
Antéfutur, CAPC, Bordeaux
Hannah Villiger: Amaze me, Muzeum Susch, Susch
The alignment problem, Live In Your Head, Genève
Toast, Alexandra Romy Gallery, Zurich
2022 *L'arcobaleno riposa sulla strada*, Istituto Svizzero, Rome
Radical Sources, Krone Couronne, Bienne
Art-o-rama, représentée par Alexandra Romy Gallery, Marseille
Switch the witch, La Rada, Locarno
Basel Social Club, représentée par Cherish, Bâle
Swiss Art Awards, Bâle
La Charge, Circuit, Lausanne
2021 *Les flammes*, Musée d'art moderne de la Ville de Paris, Paris
Lemaniana, Centre d'art contemporain, Genève
Kiefer Hablitzel Stiftung, Kunsthaus Langenthal, Langenthal
New flesh, Forde, Genève

2020 *Jouvencx,* Nuit Blanche 20, La Maison Pop, Montreuil
Vallauris Morghulis, Mecène du Sud, Montpellier
Sculpture Garden Biennale, Genève
Creative beginnings. Professional end, Villa Vassilieff, Paris

2019 *Down the liminal valley* (duo show avec Cécile Bouffard), Duplex, Genève
Là où les eaux se mêlent, 15e Biennale de Lyon, Bureau des pleurs, Lyon
L'almanach des aléas, Fondation d'entreprise Ricard, Paris
Storytelling, Musée d'art contemporain, Lyon
Sedona, Villa du Parc, Le syndicat magnifique, Annemasse

2018 *Further Thoughts on Earthy Materials,* Kunsthaus Hamburg, Hambourg
Brazil, Fondazione Sandretto Re Rebaudengo, Turin
6th Moscow Biennale for Young Art, Moscou
New Swiss Performance Now, Kunsthalle Basel, Bâle

2017 *Feed your friends,* ODD, Bucarest

2016 *Black fruit real beat,* Titanik, Turku, Finlande
Jeune création 66, Galerie Thaddaeus Ropac, Paris

2015 Kunstmuseum Luzern, Swiss Performance Art Award, Lucerne

2014 *6 - 4 - 2,* Biennale de l'Image en Mouvement, Live In Your Head, Genève
Performance proletarians!!!, Le Magasin, CNAC, Grenoble
Pas de bourrée, pas de biche, Parc Saint-Léger, CAC, Pougues-les-Eaux

COLLECTIONS PUBLIQUES

2024	Fond cantonal d'art contemporain, Genève
	MAMCO, Genève
	Centre national des art plastiques, France
2023	Fond régional d'art contemporain de Champagne-Ardenne
2022	Fond régional d'art contemporain de Nouvelle-Aquitaine
2021	Musée d'art moderne de la Ville de Paris
	Fond municipal d'art contemporain, Genève
2020	Commune de Thônex
2019	Fond cantonal d'art contemporain, Genève

PRIX ET RÉSIDENCES

2024 Swiss Art Awards, lauréate, Bâle
Résidence *Connect India*, CERN, Genève & ICTS Bangalore
2023 Lauréate du Prix culturel Manor du Canton de Genève
2022 Swiss Art Awards, finaliste, Bâle
2021-22 Istituto Svizzero, Roma Calling, Rome
2021 Artiste associée, La Maison Pop, Montreuil
2020 Kiefer Hablitzel Stiftung, finaliste
2017-19 Post-grade research residency,
Post-diplôme de l'ENSBA, Lyon
2016 CCA Ujazdowski Castle, A-I-R, Varsovie
Titanik A.i.R, Turku
2015 SummerLake, Art research residency, ESAAA,
Annecy, Studio of ADC
Swiss Performance Art Award, finaliste,
Kunstmuseum Luzern, Lucerne

L'auteur et l'artiste remercient toute l'équipe de l'Istituto Svizzero de Rome, ainsi que les résident·es de l'année 2021-2022, et en particulier Ilaria Gullo et Ilyas Azouzi.

Dans la même collection

Julie Gilbert
Oui. C'est bien.
Portrait de Delphine Reist
2022

Matthieu Mégevand
Horizons.
Portrait de Philippe Fretz
2022

Vincent Barras
Mondes magiques.
Portrait d'Alexia Turlin
2023

Noëlle Revaz
Autoportrait avec artiste.
Portrait de Valentin Carron
2023

À paraître

Antoine Jaccoud
Portrait de Guillaume Perret

Blaise Hofmann
Portrait de Claudia Comte

Fabienne Radi
Portrait de
Jean-Frédéric Schnyder

Muriel Pic
Portrait de Philippe Decrauzat

La collection Portraits est un projet littéraire à la rencontre des arts visuels pour comprendre la scène contemporaine en Suisse. La collection est soutenue à ce jour par la Loterie Romande, la Fondation Leenaards et la Fondation Jan Michalski pour l'écriture et la littérature.

art&fiction bénéficie d'un soutien structurel de l'Office fédéral de la culture, d'une convention avec le Canton de Vaud ainsi qu'avec la Ville de Lausanne.

Fondation
Jan Michalski

Ville de Lausanne

Ce volume est publié avec la participation de la République et canton de Genève.

Comité éditorial
Martine Béguin, journaliste, Stéphanie Lugon, historienne de l'art, Dorothée Thébert, artiste, Stéphane Fretz et Christian Pellet, éditeurs

Édition
Stéphanie Lugon
Christian Pellet

Design et mise en page
Notter+Vigne

Relecture
Marie-Claire Grossen

Photographies
49, 50-56, 58-60, 64, 66, 68, 72, 73 Lou Masduraud
57, 61 Moritz Schermbach
62 Bruno Pellegrino
63, 65 Riccardo Giancola
67, 69-71, 76-80 Olivier Christinat
74 Ela Bialkowska, OKNO studio
75 Christine Masduraud

Photographie en couverture 1 et 3
Olivier Christinat

Photolitho
Roger Emmenegger

Caractères
Chronicle

Papier
Munken

Impression et reliure
TBS La Buona Stampa, Pregassona

1re édition, achevée d'imprimer
en Suisse en juin 2024

ISBN 978-2-88964-081-2